Cartas a um cristão arrasado

GENE EDWARDS

Cartas a um cristão arrasado

consolo e ânimo para quem foi magoado pela igreja

Tradução
Lena Aranha

Vida

DEDICATÓRIA

Para Barbara Kloos,
a adorável senhora que dirige a Christian Books
há vários anos e que defendeu a produção do livro
antes mesmo de ele ser escrito.

AGRADECIMENTOS

Às centenas de cristãos que me escreveram em busca de ajuda para livrar-se de sua condição de náufrago, para encontrar de novo a estrela polar da fé e para retornar, mais uma vez, à busca cristã.

NOTA DO AUTOR

Se alguém tentar usar estas cartas para causar dano a qualquer grupo ou movimento, será sob meus protestos. Já vi alguns Sauls belos e impressionantes em minha vida, mas também encontrei Absalãos tão ruins ou até piores que o próprio Absalão. *Perfil de três reis* e *Cartas a um cristão arrasado* não podem ser usados contra nenhum grupo ou movimento, nem mesmo contra uma simples comunidade. Há 2.000 anos, essas duas obras literárias, se tivessem sido escritas em hebraico, poderiam ser usadas contra Simão Pedro. Ou Paulo. Tenho problemas com homens que fazem uso das palavras de outros. E suspeito profundamente de qualquer homem — em qualquer lugar — que semeia a discórdia em *qualquer* movimento. Ou época. Por mais grave que o trabalho possa lhe *parecer*.

UM

Caro Pedro:

Você perguntou-me o que sei sobre "discipulado", "autoritarismo", "pastoreio" ou "liderança ativa".

Bem, apesar de desconhecer os fatos sobre o surgimento de *qualquer* movimento autoritário nos últimos duzentos anos, posso responder corretamente a isso. As características básicas estão presentes desde os primórdios da igreja; a opressão autoritária parece ser genética, inerente ao ser humano. Tenho certeza de que, assim como no passado, surgirão mais e mais movimentos autoritários ao longo das gerações futuras. Apresso-me em acrescentar que sempre haverá abundância de seguidores.

Historicamente, essa concepção iniciou-se fora da própria cristandade. Os romanos tinham o costume de fechar o punho sobre o coração e proclamar: "Por Roma". O sentido era: "Há algo de que fazemos parte que é maior do que nós e, a qualquer custo, vem em primeiro lugar". A idéia era tão penetrante que ninguém questionava o que seria esse *algo*... embora uma votação pudesse revelar o fato de ninguém saber exatamente o que era isso.

A igreja católica romana tornou-se a recebedora, a herdeira, a incubadora e a promulgadora dessa estrutura mental. Todo ser humano que habitava na Europa vivia cercado por um ambiente que dizia: "Você deve submissão à mãe-igreja".

Sobre qual fundamento? Apenas sobre o fundamento de que, se você respirasse e vivesse na Europa, a igreja era sua mãe inconteste.

Outros movimentos que seguiram a igreja católica romana criaram o mesmo enredo. Alguns intencionais, outros não. Nós, que caminhamos na arena religiosa, somos os mais suscetíveis, porque, de alguma maneira, temos a idéia de que *algo* abrangente que nos enreda pode ser proveniente de Deus... talvez até que seja seu propósito central... e, como o amamos, temos o desejo sincero de agradá-lo; e, se não seguirmos junto com esse *algo*, podemos desagradá-lo.

Ah, existe uma outra razão! Nós, criaturas caídas, adoramos pensar assim: "Pertenço a *esse* movimento".

Muito antes da entrada deste século, as características de movimentos cristãos autoritários já haviam sido estabelecidas. Observemos alguns dos atributos mais comumente enfatizados nos grupos cristãos autoritários, sejam evangélicos, sejam protestantes da alta igreja,[a] sejam católicos ou qualquer outro tipo de comunidade cristã.

Especialidade

"Somos especiais." "Somos o único grupo..." Ou: "Não somos o único grupo, mas somos um grupo muito *especial* aos olhos de Deus". Ou: "Somos a vanguarda de Deus nesta geração". Ou pior: "Ninguém, a não ser *nós*, tem a verdade".

[a]O autor refere-se à *high church*, uma seção da igreja anglicana que se contrapõe à *low church*, marcando as controvérsias sobre formas de culto e de expressão. A *high church* caracteriza-se por uma forma de culto mais semelhante à da igreja católica romana do que das igrejas protestantes; também tem uma organização hierárquica, com bispos, por exemplo, sendo chamada por isso de igreja episcopal. [N. E.]

E você pode até pensar que acabo de descrever o lema do grupo ao qual pertence. Nada disso. Apenas descrevi muitos dos mais famosos movimentos da história da igreja. Alguns atuais, outros do passado, a verdade é que muitos — se não a maioria — têm essa visão. (Alguns grupos afirmam tais idéias de maneira direta. Outros apenas as insinuam... e esta última estratégia é tão eficaz quanto a primeira.) Quem? Católicos, luteranos, anglicanos, presbiterianos, quacres, batistas, metodistas, morávios, valdenses, irmãos de Plymouth, pentecostais, *ad infinitum*. Todos esses movimentos, num momento ou noutro, apresentaram-se como o único movimento *verdadeiro*. Acredito ser impossível — fundamentado nos fatos da história da igreja — arrastar um grande número de pessoas para um movimento cristão sem introduzir e divulgar avidamente atitudes do tipo "somos tal coisa".

A "especialidade" é uma ferramenta bem-aceita no negócio, embora raramente seja verbalizada. É difícil encontrar um grupo cristão que nunca tenha usado essa ferramenta.

Pedro, a verdade não está longe desta afirmação: alguns dos movimentos mais poderosos dos anais de nossa fé, cuja importância é fundamental, pois são transformadores da história, retiram seu poder não tanto do poder do Espírito Santo como do entusiasmo, do trabalho árduo e do sacrifício de jovens idealistas enredados no sonho de que representam a obra escolhida de Deus em sua geração. Na história da igreja, visão e trabalho árduo realizaram muito mais feitos que o quebrantamento e a humildade.

O homem ou o movimento que não se beneficia desse instrumento é algo raro, incomum, excepcional. Por favor, nomeie as pessoas e os movimentos que impeliram os homens apenas por apresentar-lhes o encontro diário com as riquezas de Jesus Cristo. A lista é muito pequena. E por que não há mais homens que incitem os cristãos, inundando-os com Cristo? Por que tanta dependência da "especialidade"? A resposta é óbvia. Os homens não podem dar em abundância aquilo que eles mesmos têm pouco.

Infelizmente, esse estado de coisas persistirá se julgarmos todo o futuro fundamentado por todo o passado. A "especialidade" representará parte e parcela de movimentos futuros apenas porque os jovens inexperientes crêem que o bocado que os líderes lhes dão é um banquete sem precedentes. Eles concluem, portanto, que o movimento do qual fazem parte, uma vez que há tanta luz e vida, deve ser "o melhor" e não percebem que a maior parte do que recebem é emprestado, é *algo* antigo.

Esperamos que um dia surjam homens honestos que não negociem esses bens falsificados... mas ministrem Cristo às pessoas. Apenas Jesus, o Senhor, sem nenhum "movimento" que dependa da habilidade do vendedor. E esperamos que esses homens tenham a Cristo... em abundância. Precisa-se de homens — e de mulheres — quebrantados sem interesses particulares, sem movimento para negociar, os quais tenham apenas Cristo como seu centro e universo. Também é necessário que haja um povo que responda de todo coração e alma, e que o exclusivismo não faça parte de sua motivação.

Acrescento uma palavra. Dirija-se à porta de saída quando um homem ou um povo declarar: "Somos a obra de Deus para esta geração". Lembre-se, há grupos que *são* obra de Deus em praticamente todas as épocas. Mas nenhum, repito, *nenhum* sabe *qual* obra é essa. Alguns anos mais tarde, em retrospectiva, a história comprovará... mas isso só acontece cem anos depois, pelo menos. Simplesmente, não o podemos saber em nosso tempo de vida! O homem que declara que o movimento do qual *ele* faz parte é *a* obra de Deus em sua geração ou é uma farsa, ou um adivinho, ou... deixe pra lá.

O segundo ingrediente encontrado com mais freqüência em movimentos autoritários, em *qualquer era*, é o chamado à unidade no corpo de Cristo.

A imprescindível unidade do corpo de Cristo

Por um lado, essa idéia é bastante nova. No entanto, por outro, é um dos mais antigos instrumentos usados pelo misterioso coração dos homens.

Os católicos, há mais de mil anos, mantêm a união do mundo ocidental e o conceito de unidade para o bem. Que conceito poderoso! Quem conseguiria encontrar falhas nessa idéia? Com certeza, eu não. A unidade no corpo de Cristo deve ser o sonho até dos anjos. Infelizmente, não me lembro de já ter encontrado algum grupo de tamanho considerável que use tal apelo com motivação pura. Os católicos romanos, por exemplo, usaram câmaras de tortura para "manter a unidade" do corpo de Cristo.

Hoje, esse instrumento é bastante utilizado, em especial por alguns movimentos — sinto dizer — que estão fora do sistema religioso. É triste assistir ao espetáculo da construção de um movimento que se utiliza do tema da unidade do corpo de Cristo. Acima de tudo, deveria haver pureza de motivação quanto à unidade e ela deveria estar dentre os cristãos que não pertencem à cristandade formal.

Nos últimos anos, os métodos e as interpretações errôneas usadas em prol da unidade tornaram-se uma ciência. Podemos relatar isso de outra forma.

O obreiro, lançando mão da oração que Cristo fez ao Pai, começa a clamar por unidade no corpo de Cristo. Cada vez que ele — ou seu grupo — topa com um pequeno grupo de cristãos que enfrenta dificuldades em suas pequenas comunidades, começa a se encontrar com eles e fala sobre a unidade do corpo de Cristo "nestes últimos dias". O pequeno grupo que enfrenta dificuldades responde ao chamado e se junta ao movimento maior. A idéia é a unidade de todo o corpo de

Cristo. Na prática, todavia, esse é apenas um *método*, o de crescimento por absorção.[b] Outros nesse movimento buscam, ainda que de forma não declarada, tal estratégia que leva ao crescimento. Eles começam a fazer a mesma coisa. Logo, uma das maiores esperanças do coração cristão — a unidade no corpo de Cristo — reduz-se a nada mais que um método duvidoso para aumentar o tamanho do movimento. Devo acrescentar que qualquer homem que use esse método a fim de aumentar o tamanho do movimento a que pertence está — talvez não de forma deliberada — rebaixando sua consciência e dando um passo gigantesco em direção ao aprendizado de como ser um *obreiro desonesto*.

Francamente, tenho muito mais respeito pelos que atraem os de fora e as ovelhas desgarradas que por um obreiro que corteja outros grupos com o chamado à unidade. Veja bem, um caso bíblico *pode* ser empregado para justificar o

[b]Qualquer movimento tem basicamente três maneiras para crescer: 1) evangelizar o perdido, 2) alcançar o cristão individual que está à procura e 3) "cortejar" — cortejar um pequeno grupo, independente, que enfrenta problemas. Este último é o mais fácil (deixando de lado a questão ética), e, portanto, o mais popular método usado pelos movimentos para aumentar o número de membros.

roubo sincero de ovelhas. (Observe Paulo numa sinagoga!) Um chamado canhestro por unidade no corpo de Cristo, de alguma forma, tira vantagem de algo muito valioso para nosso coração em troca daquilo que de fato é apenas um método, finamente disfarçado, de crescimento numérico.

Uma última observação. A ênfase extrema na unidade realiza duas coisas valiosas para a maioria dos obreiros, embora nem sempre sejam mencionadas. Primeiro, o chamado à unidade leva à diminuição dos problemas e da discórdia. (Ninguém quer trazer a desunião para a igreja.) Segundo, mantém a membresia. (Abandonar o grupo significa dividir o corpo.) As pessoas têm medo de "quebrar a unidade".

Conforme já disse, esse é um instrumento bastante poderoso. Em suma, nesta geração, cuidado com o obreiro que exibe uma dose excessiva de unidade.

A necessidade que o grupo cristão tem de proteção

Esse chamado é irmão gêmeo do anterior. Em vez de chamar à unidade, o obreiro aborda um pequeno e esforçado grupo independente de cristãos sob o pretexto de que "todo homem precisa ser protegido".

"O povo de Deus desse grupo precisa ser protegido pelos presbíteros locais... mas os presbíteros também precisam ser protegidos. Eles precisam ser protegidos por ________." (Que palavra se encaixa nesse espaço em branco? Bispos? Apóstolos? Pastor titular? Pastores? Obreiros? Isso depende da nomenclatura do movimento em questão.)

"Os que estão no topo", eles nos dizem, "são protegidos por Cristo, e Cristo é protegido por Deus".

Se considera isso uma novidade, você subestima a capacidade do homem antigo de ser tão sagaz quanto o moderno em conceber estratégias para aumentar a membresia, preservar a unidade, reprimir problemas e discórdia, e em geral amedrontar-nos. Esse conceito é tão antigo quanto o velho chamado do catolicismo romano para o retorno à igreja-mãe, ao papa e aos cardeais. E esse chamado funciona. Maravilhosamente. Grupos tão divergentes, dos de papas romanos até os de obreiros cristãos que estão fora do sistema religioso, usam o mesmo método inescrupuloso e não bíblico para preservar a unidade do movimento.

Os três ingredientes — especialidade, unidade e proteção para a igreja — são os utilizados em boa parte desse ensopado denominado "autoritarismo".[c] Você precisa apenas de uma reunião solene de presbíteros, ou de uma mensagem tirada das Escrituras que ensine a "*submissão* à autoridade divina", para ter algo tão novo quanto o movimento de autoritarismo de hoje e tão antigo quanto as temidas bulas papais, decretos da igreja.

[c]Apenas outro é tão popular e chama-se "restauração dos dons em nossa geração". Acredita nisso? Historicamente, esse chamado foi inventado e começou a ser divulgado por volta de 1800, com essas mesmas palavras, durante o período da Revolução Francesa (1790). Desde aquela época, tem-se trabalhado de maneira efetiva um "chamado para lembrar os dons", nos movimentos em estruturação. Esse método continua em uso ainda hoje.

DOIS

Caro Pedro:

Por que o autoritarismo ergue de tempos em tempos sua cabeça, tão familiar, ao longo da história da igreja? Apenas porque "isso está nas Escrituras"? É improvável. Pois também há uma miríade de outras coisas "escriturais" que não são, nem de perto, tão recorrentemente populares. A resposta pode estar noutro lugar.

(Como passei toda minha vida adulta no ministério e como estudei história e observei os movimentos desfilando diante de meus olhos, estou prestes a acreditar que nenhum evento jamais aconteceu na história da igreja, mas que apenas houve alguém para provar, sem sombra de dúvida, que as coisas arriscadas que eles faziam — quer fosse assassinar, quer fosse torturar ou mutilar — eram realizadas de modo inequívoco conforme os ensinamentos bíblicos. Qualquer coisa, ou tudo, parece não apenas ser biblicamente provável, mas também biblicamente central! Pobre Deus. O que ele deve fazer conosco, meros mortais?)

Minha opinião refletida e cuidadosa é que nunca houve um reavivamento de qualquer doutrina periférica, mas que, primeiro, havia outras razões além das Escrituras que provocavam o desenrolar de coisas antigas com vestimentas novas. Apenas isto: acredito firmemente que a ênfase extraordinária numa doutrina encontra sua verdade primeira não nas Escrituras, mas nos motivos secretos e não mencionados do coração do obreiro cristão que investe tão pesado nisso.

De forma objetiva: é provável que a atual ênfase no autoritarismo nasceu em razão do medo que o homem tem de haver divisão em seu movimento. E é provável que o motivo para esse medo tenha fundamento: lembranças de fracassos passados em seu ministério, causados pela divisão.

Medo. Medo que o caos resultante da divisão leve seu trabalho — seu movimento — ao fracasso.

Assim, os obreiros, com lembranças vívidas de antigas divisões e feias discórdias, com o espectro de problemas passados espreitando-os, voltaram-se para o despotismo em nome das Escrituras, a fim de construir uma obra sem maiores divisões. Contudo, duvido que algum homem se permita tomar consciência de que abraçou o autoritarismo por essa razão. Com certeza, ele nunca o afirmaria publicamente. (Essas são coisas que nunca permitimos que a mente escute, mas o coração as conhece muito bem. É raro o coração contar à mente o que faz ou por que faz as coisas que faz.)

Ah, a propósito, antes de pegar esta carta e correr para seus amigos de porta em porta gritando: "Tenho novidades. Tenho novidades", é melhor você saber que o coração dos homens que correm de porta em porta para incitar problemas contra obreiros não é movido por um motivo melhor que o do obreiro (conforme acredita) que precisa ser desmascarado.

Depois, talvez falemos mais sobre esse assunto.

TRÊS

Caro Pedro:

Andei refletindo sobre sua pergunta: "Você pode avaliar o resultado do dano causado pelo atual movimento de autoritarismo?". Esse é um pedido colossal, pois o dano está muito difundido, além de ser realmente pavoroso. Entretanto, eis aqui algumas impressões que vêm à tona.

- Os jovens aprenderam como censurar e criticar uns aos outros quando estavam em movimentos de autoritarismo. Isso é algo que ninguém pode aprender bem. Às vezes, censurar pode ser uma coisa quase brutal. Os cristãos, em especial os jovens, não devem fazer isso uns com os outros.
- O orgulho no coração das pessoas era invocado, cultivado, regado e fertilizado.
- Homens e mulheres que deixaram esses movimentos perderam toda a esperança

em qualquer honestidade teórica de obreiros cristãos. Isso é duplamente trágico. Se você perde a confiança nos cristãos, não tem para onde ir.

- Famílias divididas, desintegradas, separações, divórcios.
- Cristãos perderam a maravilhosa e libertadora experiência da *liberdade em Cristo* — ou nunca tiveram a chance de experimentá-la.
- Medo e confusão tornaram-se a ordem do dia.
- Jovens que talvez tenham crescido — e envelhecido — servindo ao Senhor ficaram arruinados... para sempre.
- Sobre nossa terra, cresceram pequenos focos de cristãos amargos e destroçados. Parece que são capazes de se encontrarem, de se moverem para perto uns dos outros e de confraternizarem — como os seres de olhos vítreos do *Inferno* de Dante —, para sempre jantando num ambiente de pesadelos, compartilhando o cinismo e a desesperança mútua. *Essa* é a cena mais triste de todas.

(Não há razão para um cristão naufragar *assim*. Não. Não existe justificativa para isso, seja ela qual for.)

Fui tocado não apenas pelo que descrevi antes, mas também pelo oposto. Observei os líderes dos movimentos que presidiram esse massacre e perguntei-me se não tinham conhecimento dos milhares de vidas estraçalhadas que havia lá fora. Parecia haver uma total desatenção — por parte dos líderes desses grupos — da grande e espantosa destruição resultante do autoritarismo.

Contudo, gostaria apenas de dizer bem rápido: "Será que os de 'fora' não compreendem a conduta *deles* e com o que ela se parece? As feridas íntimas sempre nutridas são tão indefensáveis quanto o são os 'de dentro', que negociam com a destruição do autoritarismo".

Fui submetido a um monte de histórias sobre autoritarismo e senti-me muito desconfortável a respeito de tudo que ouvi... dos dois lados.

Lembro-me de quando existiam os muitos milhares de pequenos grupos reunidos nas casas, de costa a costa, nos Estados Unidos. Não havia modelo, mas sim pouco ritual e muita *liberdade* nesses pequenos e ótimos encontros. Todos os pequenos grupos, bastante livres, sem exceção, desmoronaram e fracassaram. E, como resultado desse colapso por atacado, o autoritarismo surgiu e floresceu. Os pequenos grupos de encontros em casa, que atuavam com liberdade, não apenas morreram, mas foram totalmente esquecidos, e o conceito de autoritarismo que tomou o lugar deles experimenta uma reação espantosa. Por quê?

Lembra-se daquelas crianças cristãs, com olhos brilhantes, maravilhosas, idealistas e muito ingênuas de dez anos atrás? Agora já chegaram à inevitável faixa etária que oscila entre os 30 e 34 anos de idade, na qual a crise da vida espera por todos eles. Eles estão reagindo. Os problemas estão em todos os lugares. Era fatal. Aos 20 anos você acredita em quase tudo. Aos 32, você já é adulto e pode ficar bastante chateado por ter sido mal aproveitado em seus anos mais ingênuos e crédulos. Alguns desses cristãos mais velhos estão prontos para reagir. Linhas são traçadas; nomes são chamados. Inicia-se a batalha, e o massacre é tudo o que resulta.

Ouça os poucos sobreviventes do autoritarismo quando eles se reúnem.

Ouça-os conversar sobre o que deu errado, em como acreditam que agora a igreja deveria ser — baseados nas experiências ruins deles. Alguns realmente acham que a única maneira para a igreja se reunir deveria ser com "liberdade total". (Sem presbíteros. Sem nada.) Essa é uma reação a tudo que tem o sabor e aroma de liderança... como alguém que anuncia que haverá um encontro! No outro extremo, alguns homens acham que não deveriam acontecer reuniões cristãs, a menos que haja supervisores presentes que fiquem atentos a todo e qualquer movimento. As duas visões não são nada mais que reações, elas têm pouco a ver com as Escrituras ou com o Espírito de Cristo e muito a ver com as más experiências passadas.

Analisando as coisas das duas perspectivas, só posso dizer que toda essa tragédia assume características de um vasto holocausto. O problema *não* está nos homens que lideram outras vidas cristãs ou, em contraposição a isso, na idéia de liberdade, em alcançar um patamar tão absoluto que dispense as reuniões. O problema é muito mais simples.

Lembro-me de uma vez em que houve um movimento do Espírito do Senhor em nossa região. Nenhum dos que foram alcançados pelo movimento estava capacitado para as exigências. Pedro, a coisa estava condenada desde o início. Não existiam homens condizentes para a função. Os homens que deram um passo para assumir a liderança eram homens não quebrantados, cuja visão de Cristo, da igreja e dos caminhos dele delineava-se muito vaga. Os que seguem esses homens não qualificados laçam-se a posições para as quais eles também não estão qualificados — ou são designados a ocupá-las. Por ter utilizado alguns dos métodos mais surpreendentes concebíveis, hoje a coisa toda parece estar bastante incerta.

Além disso, estremeço só de pensar no que aconteceria se o Espírito do Senhor soprasse de novo sobre nossa terra. Há poucos homens espalhados por este país que podem liderar uma nova geração de jovens corações. (Faço tal afirmação sem medo de errar.) Se um novo fôlego soprar sobre nossa terra, se uma nova obra iniciar-se hoje e tiver de ser liderada pelos homens disponíveis, tenho a impressão de que daqui a quinze anos assistiríamos exatamente ao mesmo massacre. E esse massacre aconteceria mesmo se o autoritarismo nunca fosse utilizado.

O problema não era a doutrina nem a prática. O problema era o coração.

Também vejo o lado cômico desse cenário. Se uma nova emanação de Deus soprasse hoje, e pequenos grupos e pequenas obras começassem a pipocar sobre nossa região, vislumbro, com os olhos da mente, representantes dos dois lados da presente questão sobre o autoritarismo rodeando esses novos grupos para lhes dizer: "Não tenham presbíteros. Não tenham presbíteros". Ou então: "Liberdade não dá certo. Liberdade não dá certo".

Há alguma esperança? Acho que sim; com um pouco de humildade por parte daqueles de nós que são obreiros, poderia haver sucesso.

A ordem do dia deve ser: não estamos no século 1º. Não temos o Jesus Cristo físico que ensinou 12 de nós por três anos. O Pentecoste não aconteceu há nove anos. Nós, os obreiros de hoje, sem exceção, nascemos e vivemos na Babilônia (ou servimos sob as ordens de homens cujas maneiras babilônicas exalam de suas vestimentas). Se, de forma arrogante, tentarmos voltar aos caminhos da igreja primitiva com esta idéia: "Faça isso tudo em uma geração", então fracassaremos. Nós que vivemos no mundo atual simplesmente não somos tão qualificados para fazer um trabalho puro. Nenhum de nós. E a duração da vida de um homem adulto não é suficiente para resolver os problemas que enfrentamos. Por que os homens são tão arrogantes a ponto de se considerarem especiais o suficiente para fazer toda a tarefa de restauração em vinte anos? O melhor que nós, obreiros, podemos fazer é proteger um grupo de jovens da corrupção da cristandade de hoje, fornecer-lhes um ambiente positivo para crescer, direcioná-los à profundeza das coisas de Cristo, possibilitar-lhes o melhor que pode ser vivenciado na vida da igreja atual (o que não é muito) e estimulá-los a ir *além* de nosso crescimento espiritual e nossa limitação em Cristo. E, depois, ter esperança. Ter esperança de que essas crianças, quando crescerem, sejam melhores que todos nós. Ter esperança de que elas alcancem as estrelas. Ter esperança de que elas passem para a próxima geração uma experiência de Cristo — e de sua Igreja — mais elevada que qualquer coisa que a última geração conheceu ou pode vir a conhecer.

O que estou dizendo? Que não somos qualificados para fazer em uma geração o necessário para restaurar as coisas que precisam ser restauradas. Nesse meio tempo, encorajo-o a parar de lamber suas feridas e de reagir contra o "autoritarismo". Não foi o autoritarismo que o estraçalhou. Foi a estratégia de má qualidade em relação à restauração feita por homens que não estavam preparados para a tarefa aliada à sua pronta decisão de juntar-se a eles. Pedro, se eles tivessem tomado outra atitude em vez do autoritarismo, ela fracassaria da mesma maneira. Sua geração tem os olhos maiores que a boca. A cena de caos e massacre atual era inevitável. Oremos por um futuro com dias e homens melhores, por motivações mais elevadas da parte dos que proclamam e dos que respondem.

QUATRO

Caro Pedro:

Há um tipo de massacre acontecendo entre os cristãos que saíram de grupos autoritários que talvez seja o mais trágico de todos. Tenho a profunda sensação de que muitos santos abandonaram o Senhor. (Não, não é isso. Antes, eles temem que o Senhor os tenha abandonado.) Cristãos que participaram de um movimento realmente maravilhoso, dinâmico e — isso mesmo! — abençoado por Deus, com mensagens que poucos cristãos ouviram, com vivência que poucos cristãos já vivenciaram, mas que, infelizmente, inculcou na cabeça deles: "Este é *o* grupo. Se você abandonar este trabalho, abandona a Deus". Bem, eles começam a acreditar que isso é verdade. De fato, temem e crêem que Deus os abandonou, porque eles abandonaram *o* trabalho de Deus.

(Parece que quase todos os grupos têm histórias horríveis sobre alguém que abandonou o movimento e pouco depois morreu. Pergunto-me se, por um acaso, algumas pessoas *de dentro* do movimento também já morreram! Seja como for, o uso de qualquer tipo de medo é um sinal certeiro de profunda insegurança dos líderes. Usar táticas de medo e histórias de morte não demonstra que o obreiro em foco tenha autoconfiança ou confiança em Deus.)

Gostaria que os cristãos parassem de contar essas histórias. Devem existir dúzias de movimentos que afirmam ser "*o* movimento"... e todos com uma história deste tipo: "Ele deixou o movimento e morreu". As únicas conclusões possíveis, fundamentadas nesse cenário, são que ou Deus tem dúzias de movimentos, levando-se em consideração que cada um deles é "*a* obra de Deus nesta geração" e que alguma praga horrorosa cairá sobre você se abandonar qualquer um deles, ou algumas pessoas usam táticas amedrontadoras para impedir que os membros os abandonem!

O que acontece com os cristãos que ouviram todas essas histórias e sabem que um dia terão de abandonar o movimento por uma questão de consciência? Ou por uma questão de sanidade? Inicia-se o trauma. Instala-se a indecisão. Seguramente, o grupo não facilita a saída. E essa saída parece ser acompanhada de uma carga de culpa do mais alto grau.

Quando escuto as histórias sobre a opressão autoritária vivenciada pelos indivíduos em tais grupos, espanto-me ao ver como esses cristãos queridos ainda sentem um temor desesperado quando afirmam: "Só porque deixei *a* obra de Deus".

Segundo, as pessoas massacradas que deixaram esses movimentos têm muita desconfiança em relação a todos os grupos cristãos — em qualquer lugar —, e às vezes eu me pergunto se ainda crêem que o Senhor retornará. Por conseguinte, é difícil conduzir um cristão ferido para algo melhor. Ele não consegue ver nada que lhe traga esperança.

O que posso dizer? Isto: "Ouçam, cristãos. Ouça, Pedro. Você esteve sujeito ao apelo a seu orgulho e também à tática do medo. O apelo a seu orgulho visava trazê-lo para o movimento e comprometê-lo com ele. As táticas de medo o mantêm no movimento, mesmo quando você quer sair. (Esses métodos são tão antigos que chegam a ranger.) Aquele grupo — por mais glorioso que fosse — não era a única obra do Senhor na terra. Em algum lugar, os cristãos têm algo melhor e mais profundo. O Senhor não o abandonou. Além do mais, esse vazio, essa dor é algo que você — e apenas você — fez a si mesmo. E você, e apenas você, *pode* libertar-se. Você *pode* romper o ciclo mórbido em que se encontra e ao qual chegou por suas próprias mãos".

CINCO

Caro Pedro:

Acompanhei o lançamento de *Perfil de três reis* com grande interesse. Excetuando-se aqueles que pensam tratar-se de uma história de Natal (!), outros lêem o livro e acham que tomo posição ao lado deles na questão do autoritarismo. E não importa de que lado eles estejam, pois sempre acham que o livro toma o partido *deles*.

É claro, há algumas pessoas que não fazem parte desse panorama. Um ministro proibiu publicamente seus seguidores de lerem o livro. (Bom! Pelo menos, identificamos um adepto do autoritarismo.)

Bem, qual é minha visão? Para que fique claro, sou muito contrário aos líderes cristãos que dizem como as pessoas devem viver sua vida privada. Não encontro fundamento para isso no Novo Testamento.

Eis aqui alguns cata-ventos — à semelhança dos aparelhos que mostram a velocidade e a direção em que o vento vem — que você deve observar a fim de avaliar o autoritarismo num grupo.

Insistência na vida em comum

Certa vez, tive a experiência de conviver com um grupo de pessoas maravilhosas e muito queridas. Esse convívio durou três anos. Pedro, quero que saiba que essa experiência foi dura. Mas também foi maravilhosa. É tanto uma doce lembrança como, às vezes, um pesadelo. Éramos cerca de cem no experimento e, até onde sei, todos nós, sem exceções, ficamos profundamente agradecidos pela oportunidade de tal vivência. Também demos um suspiro de alívio quando tudo acabou! Acredito que, em nome de todos que passaram por essa experiência de três anos, eu possa dizer: "Foi ótimo, mas não poderia se tornar uma forma de vida permanente. Todo cristão deve tentar essa experiência, mas não é recomendável como um estilo de vida para trinta anos". Eu a recomendo especialmente para os solteiros. Os casados? Por causa do *longo* tempo e muito esforço, a vida em comunidade apresenta mais perigos que benefícios para o casamento.

Até hoje estimulo os solteiros a viverem em comunidade. É uma experiência maravilhosa, a qual praticamente todos eles parecem aproveitar. Contudo, para algumas pessoas, não a recomendaria por mais de seis meses ou um ano. Dois anos no máximo, e já prolongando a experiência ao extremo! Além disso, torceria para que alguma(s) pessoa(s) muito compassiva(s) — que já teve (ou tiveram) a experiência de vida comunitária — ficasse(m) por perto para dar um bocado de ajuda compassiva, conselho e orientação para qualquer casal que tente tal experiência, mesmo por um simples fim de semana!

Em retrospectiva, viver em comunidade é algo que parece ser mais difícil para as mulheres que para os maridos. Esse é um aspecto muito importante, para o qual é preciso prestar atenção e estar consciente dele antes de embarcar nessa experiência.

Não gostaria que ninguém pensasse que sou contrário à vida em comunidade, mas, para os casados, sou favorável apenas em circunstâncias mais que ideais.

Agora, por que eu trouxe à tona o assunto da vida em comunidade? Por isto: com freqüência, grupos autoritários têm vida em comum — ou pelo menos em comunidade. Acredito que existem outras razões, não bíblicas, que muitas vezes levam os líderes de grupos adeptos do autoritarismo a adotar esse estilo de vida como um fato permanente. Repito, acho que as razões não têm nada a ver com as Escrituras. As razões podem estar nas imperfeições psicológicas da natureza do líder. Voltarei a isso daqui a pouco.

Permita-me dizer agora, porém, que a vida comunitária em grupos adeptos do autoritarismo começa em geral — intencionalmente ou não — por causa do controle. Deixe-me contar-lhe um pouco sobre nossa experiência. Quando reavivo a experiência de vida comunitária, a primeira lembrança é que nenhum grupo de pessoas embarcou numa empreitada dessas de maneira tão ingênua. Começamos a viver em comunidade, e aquela era uma experiência que sempre fora maravilhosa. E, portanto, os cristãos da comunidade quiseram percorrer todo esse caminho, mergulhando na experiência. Alguns de nós, até mesmo eu, estavam muito relutantes. Quando começamos a viver em comunidade, percebemos que mudávamos radicalmente as coisas a cada período de alguns meses. Por quê? Porque nada funcionava! Pouco a pouco, ficou claro para nós que tínhamos um projeto enorme em andamento para o qual nenhum de nós estava preparado. Durante os três anos que passamos juntos, tivemos de subjugar a maior parte de nossos problemas, mas alguns deles jamais foram resolvidos (como, por exemplo, manter os carros funcionando ou conseguir pessoas que se lembrassem de nos buscar no trabalho às 5 horas se os carros estivessem funcionando!).

Felizmente, a nossa experiência foi antes de surgir o atual movimento de autoritarismo. Agora, ao olhar para trás, faço umas poucas observações à luz do que aconteceu ao país desde aquela época. Sou grato por sermos um povo livre. (Às vezes, "livre para todos" pode ser uma expressão mais bem empregada!) Não havia dentre nós ninguém que tivesse a necessidade psicológica de controlar a vida dos outros. Segundo, quase tudo que fizemos, e que poderia ter alguma conseqüência maior, foi decidido em reuniões abertas, *não* em pequenas reuniões fechadas. Talvez fosse interessante você saber que não tínhamos nenhum presbítero e que nenhum de nós jamais ouvira falar nada (importante) sobre submissão ou autoridade.

Havia um sentimento natural entre nós de que estávamos nisso juntos e que, por acordo mútuo, acharíamos nosso caminho. Além disso, ninguém era obrigado a viver em comunidade se não quisesse. Talvez o ponto mais importante aqui seja que os que não viviam em comunidade não eram menosprezados. (Ninguém nem sequer pensou nesses termos — e, se alguns o fizeram, não deveriam ter feito.)

Aprendi bastante sobre vida em comum, como também aprendi bastante sobre vida em comunidade. Estremeço só de pensar na prática da vida em comum nas mãos de homens que têm uma inclinação para controlar a vida dos outros. O viver em comum pode tornar-se um instrumento poderoso nas mãos de cristãos adeptos do autoritarismo.

O que quero dizer com isso? Bem, pegue um homem que não hesita em tirar a pessoa de seu juízo perfeito com dois dos mais poderosos instrumentos conhecidos pela humanidade. Se você não sabe, um deles é a Bíblia, e outro,

Deus. Você tem uma das armas mais poderosas em mãos quando ameaça as pessoas com o ponto de vista das Escrituras em relação a alguma coisa e, depois, diz-lhes que isso agradará (ou desagradará) a Deus; e acrescente a isso a situação em que todo o dinheiro é controlado por um indivíduo ou um pequeno grupo. Até mais, acrescente a isso a total submissão de todos a um conjunto de regras, de padrões sociais e de vestimentas e terá uma situação que não apenas é potencialmente prejudicial para os irmãos e as irmãs, mas também terá uma situação que, provavelmente, não se justifica nem para a visão mais extrema das Escrituras.

Talvez eu deva comentar esta última afirmação. É óbvio que as igrejas paulinas não viviam em comum. Não podemos nem dizer que as igrejas na Judéia ou em Jerusalém viveram em comum de maneira permanente. Contudo, em minha opinião, nunca, na história da igreja primitiva, exerceu-se controle do modo que às vezes se exerce hoje em alguns movimentos adeptos do autoritarismo.

Na verdade, a idéia de misturar vida em comum e autoritarismo é assustadora. Contudo, Pedro, o grande problema que se apresenta a você não é algo que seu grupo esteja fazendo. Eis o cerne do problema: você está envolvido em algo que se origina em Deus ou que se origina primeiro na necessidade psicológica de um homem de controlar os outros? Essa questão não pode ser respondida de forma dogmática por ninguém deste lado do céu. A melhor coisa é que cada um de nós siga o que individualmente acredita ser a Palavra do Senhor para nós.

Não é a estratégia nem o método que decide o espírito e a atmosfera de um movimento, mas o *homem*. Por conseguinte, não poderia nunca me opor nem abençoar qualquer método ou estratégia de qualquer grupo cristão sensato. É o homem, não a prática, que em última instância prejudica ou abençoa o povo de Deus.

Talvez a vida em comum pudesse ser inofensiva e maravilhosa em mãos boas e sábias. Eu não sei.

Espero que você então, em relação ao movimento do qual participa, tenha em mente que há 50% de chance de estar errado, seja qual for a conclusão a que chegar. Eu simplesmente não conheço uma diretriz segura para podermos julgar todos os grupos e todos os movimentos como "bons" ou "maus". Com certeza, a prática de viver em comum pode ser potencialmente prejudicial para um imenso número de cristãos, se for encaminhada em clima de opressão.

O tratamento dedicado às mulheres

Deixe-me contar-lhe uma história. Eu tinha um programa de rádio quando era um jovem ministro. Foi um programa devocional, com duração de quinze minutos. Logo depois de mim, entrava um evangelista pentecostal. Ele sempre se vestia como um magnata. Atrás dele, com passinhos curtos, vinha a esposa de faces pálidas, vestindo a última moda em saco de farinha! Esse era o cenário pentecostalista da época. Hoje, a mulher no movimento pentecostal parece vestir-se tão bem quanto o marido. Portanto, as coisas mudaram no pentecostalismo. Contudo, ainda existe a prática de as mulheres se vestirem com tecidos grosseiros em outros grupos.

Há muita ênfase para a maneira de vestir nos movimentos permeados pelo autoritarismo. Muitos desses movimentos levam suas mulheres a voltarem à época medieval. Mas não é isso o que mais me perturba. O que me perturba é a posição que as mulheres têm no movimento. Gostaria de repetir: a maior opressão do autoritarismo parece recair mais sobre a mulher do que sobre o homem.

Um casal que pertencia a um desses movimentos nos visitou. Eles planejaram ficar algumas semanas conosco. Tão logo chegaram, a esposa anunciou que deixaria o movimento e que também deixaria o marido, a menos que ele largasse aquele movimento. Alguma coisa acontecera no íntimo dessa mulher. Dizia respeito a sentir a liberdade de novo.

Agora, talvez esse seja um exemplo extremo, mas tenho a impressão de que geralmente os homens se sentem muito melhor em movimentos autoritários que as mulheres.

Uma obreira cristã muito sábia (uma mulher!) disse-me certa vez que se sabe quão autoritário é um movimento apenas pelo grau de proteção que ele estimula. Achei essa observação muitíssimo interessante. (Acrescentaria apenas que isso não significa necessariamente proteção física, mas antes toda proteção relacionada à autoridade.)

De qualquer maneira, o lugar das mulheres num movimento é o segundo indício que possibilita à pessoa perceber melhor se o grupo de que faz parte talvez seja um dos que não deveria fazer parte. Outro indício é...

O poder dos presbíteros

Nenhum de nós discutiria o fato de que as Escrituras ensinam que nos devemos submeter "àqueles que o Senhor pôs acima de nós". Bem, a questão é a seguinte: submeter-se quanto e onde? A segunda questão é: o Senhor pôs esses presbíteros acima de mim? Ou algum homem pôs outros homens (chamados presbíteros) acima de mim?

Encare isso desta maneira. Eu trabalho por salário. Meu empregador tem certo controle sobre minha vida, mas esse controle tem limites bem definidos. Se ele pressionar além desse limite, há algo errado, muito errado, acontecendo nessa empresa. Não, não na empresa, mas no homem. O governo local da cidade em que vivo tem controle sobre mim. Se esses controles tornarem-se todos abrangentes, não estou mais numa democracia nem numa república, mas num Estado autoritário. Portanto, a pergunta que se deve fazer é esta: quando Deus pôs os presbíteros na igreja para exercer algum direcionamento sobre os outros, exatamente quanto controle ele permitiu que esses presbíteros exercessem em sua vida pessoal privada? Com certeza, deve haver limites.

Invertamos a pergunta.

Sempre que as Escrituras comentam alguma coisa o fazem, na maior parte, de duas maneiras. Primeiro, pela absoluta afirmação. (No Novo Testamento, as *afirmações* geralmente estão nas epístolas e não têm ilustrações.) As Escrituras no geral também *ilustram* as afirmações que faz. (Os evangelhos e Atos muitas vezes nos apresentam ilustrações.)

Assim, agora, tente recordar todas as ilustrações de presbíteros e apóstolos exercendo controle sobre o povo de Deus, conforme registrado nas Escrituras. Você consegue lembrar-se de algum caso? Mesmo Pedro, nos primórdios da igreja em Jerusalém, um período crítico, declarou claramente que Ananias e Safira podiam ter guardado todo o dinheiro e a propriedade deles. (Observação: fazer o que todos os outros faziam *não* era obrigatório.) O pecado deles não estava no que guardaram para si, mas na mentira.

Meu argumento é este: no Novo Testamento, não encontro nenhuma ilustração que seja remotamente semelhante ao controle exercido pelos "presbíteros" sobre o povo de Deus nos grupos adeptos do autoritarismo. Qualquer ilustração apresentada pelas Escrituras sobre a autoridade dos presbíteros em nossa vida parece ser — na melhor das hipóteses — muito exígua e muito, muito limitada mesmo.

O teste dos dez anos

Compartilho com você algumas de minhas convicções, mas também compartilho alguns parâmetros para que você possa decidir o que fazer. Além disso, devo arriscar outra sugestão. Você pode dizer muito mais sobre um movimento que existe há dez anos do que sobre um que tem dois anos. Todos os trabalhos parecem bons quando os movimentos existem há um ou dois anos. Eis uma boa questão em relação a um movimento que já existe há uma década: exatamente quantos ex-presbíteros há no movimento?

Deixe-me esclarecer o que quero dizer. Um homem inicia um movimento. Em cerimônia solene, ele ordena um grupo de presbíteros e anuncia para o povo de Deus que esses homens foram escolhidos por Deus e nomeados pelo Senhor para ter autoridade sobre eles. Bem, passam-se os anos, e alguns desses presbíteros desafiam o fundador — ou, pelo menos, discordam dele. (Certamente outros também estarão do lado dele.) O líder perturba-se, anuncia que aqueles que se opuseram a ele são homens que servem ao Demônio e os rejeita — ou eles, depois de uma cena constrangedora, deixam o movimento. A seguir, ele começa a ordenar novos presbíteros escolhidos por Deus para que o povo do Senhor lhes obedeça. No fim, alguns desses também discordam dele, há uma cisão, e a coisa toda é do Demônio etc. etc.

Ora, Pedro, é óbvio que alguma coisa está errada num cenário desse. Como os homens podem ser presbíteros num ano e do Demônio no ano seguinte? Como é que, por um ano, entrego totalmente minha vida a um homem (um presbítero) — para que ele a controle — e no ano seguinte ele denuncia o homem que o ordenou (e vice-versa)?

Reluto em usar um exemplo como esse porque acredito que isso possa ter acontecido, vez ou outra, até no Novo Testamento. Contudo, quando algo assim se torna um padrão consistente, então levanto a bandeira vermelha de perigo em relação a esse movimento.

Como o líder reage sob pressão

No Reino de Deus, todo líder está sob pressão. Ninguém consegue passar por esses períodos de pressão de forma 100% perfeita. A pressão surge. Chega a alturas insuportáveis, depois recua. Logo ela surge e recua de novo. Fazemos a maior parte de nosso trabalho quando não há muita pressão, mas conseguimos transformar-nos mais quando ela existe.

Todo obreiro cristão tem certas fraquezas, falhas e inabilidades; portanto, você não pode enviá-lo à forca por isso. Contudo, eis aqui um bom parâmetro da força espiritual interna de um homem: como ele reage quando seu trabalho está sob ataque, quando a pressão aumenta, quando a cisão ameaça seu trabalho? O obreiro fica *constantemente* na defensiva? Ele culpa o Demônio por muitas coisas que acontecem? Ele demonstra hostilidade? Ele demonstra amargura? Essas atitudes e pensamentos começam a insinuar-se em seu *ministério público*? Ele começa a fazer referências indiretas a certos acontecimentos misteriosos de modo que todos que o ouvem entendem ser uma referência a pessoas que prejudicaram o trabalho dele?

(A propósito, se ele é alguém que, pública e constantemente, ataca as pessoas que estão ao redor, ou pessoas do passado ou do presente — se esse é um traço constante dele, ano após ano —, então recomendaria que você abandonasse o movimento de pronto. Há algo muito errado com o movimento... ou melhor, errado com ele.)

Você pode dizer muito sobre um trabalho que se encontra sob pressão. Observei que um homem, quando faz muita questão de atacar os outros e defender-se, demonstra estar bem inseguro e até incerto sobre si mesmo e seu trabalho. Também diria que, pelo menos, esse é o caso de muitos homens que criam movimentos nos quais exercem grande controle. Independentemente da aparência externa, homens que exercem muito controle sobre a vida de outras pessoas são sobretudo bastante inseguros e não têm certeza de que foram chamados e enviados por Deus.

Também acrescentaria esta questão para você meditar a respeito: ao fim de dez anos, exatamente quantas pessoas foram excomungadas do movimento? (Às vezes, elas não são excomungadas, mas talvez sejam pressionadas pelo grupo, ou aconselhadas, a sair; ou o grupo demonstra que elas não são bem-vindas.) Se muitas pessoas deixaram seu movimento *dessa* maneira, então eu diria que você está numa situação desordenada do ponto de vista das Escrituras.

Apresso-me em dizer que, em geral, na maioria dos movimentos cristãos, grande parte das pessoas entra saltitante pela porta da frente, mas sai pela de trás. A questão não é a quantidade de pessoas que entra e sai desses movimentos. A questão é esta: elas foram mandadas embora? A saída delas foi acompanhada de uma cena constrangedora? Ou elas encontram a verdadeira graça, compreensão e amor cristãos quando lutam com a dúvida de sair ou não?

Acrescentaria outra questão que considero muito importante: das pessoas que deixam o movimento, quantas se sentem à vontade em voltar para visitar o grupo?

A resposta para essa simples pergunta fornece mais diretrizes que qualquer coisa que eu tenha escrito nestas cartas. Como você seria tratado se, depois de deixar o grupo, voltasse para visitá-lo?

Quanto controle existe?

Se você faz parte de um movimento que diz para as pessoas com quem devem casar-se ou de quem se divorciar, se está num grupo que invade *muito* a vida pessoal, recomendaria que saísse de imediato, pois esse não é apenas um movimento autoritário, mas um movimento potencialmente perigoso.

Exclusividade

Quão restrita é a visão que seu grupo tem da Igreja? Se não reconhece todos os outros evangélicos como crentes e parte da família de fé, então, mais uma vez, você está numa situação muito duvidosa. Outra coisa para perguntar a si mesmo: seu movimento distingue diferentes tipos de cristãos? Tais apelos atingem diretamente o ego cristão. ("Somos dominantes." "Somos os guardiões da aliança." "Reinaremos com Cristo." "Os outros até que se saem razoavelmente bem." "Os outros são apóstatas." "Os que não nos seguem, na verdade, enfrentarão um grande problema com Deus.") Sobre qualquer grupo que classifique alguns cristãos em relação a outros como especiais para Deus, bem, eu diria: eis aqui mais uma bandeira vermelha. Sinal de perigo.

A constituição psicológica de seu líder

Discuto esse assunto com temor e tremor, porque percebo que neste mundo há muitos homens cristãos realmente bons que têm inimigos, e esses inimigos usariam qualquer coisa que pudessem contra eles.

Gostaria de repetir que os Absalãos são tão perigosos quanto os pretensos Sauls. Por isso, com grande relutância, faço uma pergunta e gostaria que você lembrasse que ela não é crucial em si mesma. Mas, se ela se encaixa em todo o mosaico, então se torna bastante crucial.

Eis a pergunta: o homem que lidera o movimento, por natureza, tem necessidade de controlar todos em seu ambiente?

Há pessoas que têm esta falha psicológica: a necessidade de controlar. Às vezes, o Senhor quebranta tal falha na vida do homem, e apenas vislumbramos um resíduo dela. O Senhor pode usar um homem que teve esse problema na vida, como também pode usar um homem que desdenha ser líder, mas que — apesar disso — o Senhor o torna líder. Contudo, se a necessidade de controle não for quebrantada no homem, ele, nesse caso, sempre tenderá ao autoritarismo. Às vezes, essa característica vem à tona no início de um trabalho, às vezes no meio e outras vezes ainda leva muitos e muitos anos para vir à luz.

Como disse, incluo tal questão com grande relutância, porque há muitos homens fortes que servem ao Senhor, fazendo-o muito bem, com boas razões, fundamentadas em Deus, para o que fazem.

Conformidade ao grupo

Desde o início da história, em todos os agrupamentos conhecidos pelo homem, existe a conformidade ao grupo. Esse grupo pode ser a marinha dos Estados Unidos ou a classe do jardim da infância da escola dominical; pode ser a seita da mão vermelha ou os escoteiros. Se você faz parte de um grupo, há uma pressão grupal — mesmo que seja por acaso. Portanto, minha questão não é se existe pressão grupal. É claro que há pressão grupal. A questão é: encoraja-se a pressão grupal? Incentiva-se isso? E, acima de tudo, a pressão grupal é usada com freqüência e de forma deliberada para controlar a vida dos outros?

* * *

Finalizo aqui a lista. Lembre-se, essas — na melhor hipótese — são perguntas diretivas a que toda pessoa deve responder *completamente* sozinha, sem ajuda externa. Qualquer pessoa pode tentar criar uma argumentação se vir na lista anterior alguns atributos do movimento de que faz parte. Contudo, duvido que você crie caso se houver apenas um ou dois desses sinais de perigo. Todavia, se todos eles estiverem presentes no movimento, se todos eles gritam em alto e bom som, se bandeiras vermelhas tremulam em todos os cantos, bem, então, acho melhor você ser sábio, consultar o horário dos ônibus e partir o mais cedo possível.

Ah, sim, gostaria de repetir algo que disse em *Perfil de três reis*.

Pegue uma caixa cheia de exemplares do livro *A revolução dos bichos*, de George Orwell, e passe-os para todos os seus amigos que fazem parte do movimento... aos presbíteros, aos líderes. Peça que leiam o livro. Se as pessoas de seu movimento lerem esse livro e sobreviverem, acredito que você, nesse caso, não está num grupo autoritário.

Gostaria de dizer que certa vez tive o privilégio de distribuir *A revolução dos bichos* a todos os cristãos com quem confraternizei. Não havia muito movimento na superfície das águas. Nunca esquecerei o comentário de uma querida mulher cristã: "Meu Deus, só depois de ler *A revolução dos bichos* é que percebi como o comunismo é terrível". Irmão, se as pessoas com quem você vive, e as quais ama, lerem *A revolução dos bichos* e depois não tiverem nada mais a dizer além de algo parecido com esse comentário, é possível que você esteja em boas mãos.

Vou um pouco mais adiante. Duvido que algum grupo autoritário que permita a leitura de *A revolução dos bichos* a todos os seus membros sobreviva totalmente intacto. Vou um pouco mais adiante... acredito que a liderança de qualquer grupo que tema ou se preocupe com a possibilidade de evoluir para um grupo autoritário seria sábia se levasse todos os membros do movimento a ler esse livro. Penso que seria uma das coisas mais saudáveis para um grupo cristão fazer.

Vou mais longe ainda... desafio os líderes de grupos autoritários cristãos a ler *A revolução dos bichos* e a distribuí-lo para seu povo.

Com isso, termino.

SEIS

Caro Pedro:

Gostaria de fazer uma observação sobre um comentário freqüente que os homens fazem sobre controle e equilíbrio num movimento. Percebo que os líderes de grupos autoritários (e, para ser justo, também se faz isso em grupos não autoritários) afirmam que a pluralidade de presbíteros é uma proteção para que o povo de Deus não seja conduzido a algo prejudicial. O ponto é que a pluralidade de presbíteros serve como controle e equilíbrio. Além disso, eles afirmam que um movimento encabeçado por um homem é muito mais suscetível a erro. Com certeza, superficialmente, isso parece bom. Contudo, questiono a hipótese.

Primeiro, é impossível para um homem dirigir qualquer movimento. Ele precisa de ajuda. É inerente, então, que exercerá influência sobre as pessoas à sua volta. Para ele, é muito fácil identificar aqueles a quem influencia, dar-lhes títulos (presbítero, diácono etc.) e depois anunciar que há pluralidade de liderança, e que, portanto, há controle e equilíbrio. Isso não funciona necessariamente assim.

Não me lembro de nenhum movimento na história da igreja (pelo menos, nenhum que tenha dado uma contribuição duradoura para a história do povo de Deus), cuja atuação não tenha começado sob a liderança dinâmica de apenas um homem ou uma mulher. Meu ponto é este: é quase certo que qualquer novo movimento cristão será fundado por uma figura central. Isso não quer dizer que uma liderança única ou uma liderança múltipla forneça alguma indicação da direção que o movimento seguirá. Quando o movimento é novo, há uma pessoa lá, em algum lugar, que lidera; e os outros a seguem.

A questão central não é se há controle e equilíbrio, ou se há pluralidade de liderança, ou se apenas um homem governa, ou mesmo se há democracia. Qualquer uma dessas coisas pode se tornar um horror... ou qualquer uma delas pode se tornar algo maravilhoso.

Não é difícil encontrar grupos muito abençoados que tenham apenas um cristão no controle. Há grupos desse tipo em todo o mundo, e alguns deles são respeitados pelos cristãos de todos os movimentos evangélicos mais importantes. O mesmo vale em relação a um movimento, em geral muito mais antigo, em que há verdadeira pluralidade de liderança. É possível encontrar, com a mesma facilidade, grupos liderados por um homem que são um desastre e grupos que se gabam da pluralidade de liderança que também são um desastre.

Pedro, não há método, sistema ou estrutura que possa garantir a proteção e a segurança do povo de Deus. De fato, isso não tem praticamente nada a ver com o que o povo de Deus passa em *qualquer* movimento.

O que um grupo de cristãos será, o que um grupo de cristãos é e em que se transformará, em grande parte, não diz respeito à doutrina, ao planejamento organizacional ou ao método de trabalho. O destino de um movimento encontra-se num lugar e apenas nesse lugar: nos recônditos do coração que lidera o grupo. Para o bem ou para o mal, os motivos escondidos no coração desse homem é que ditam em que se transformará o movimento.

Se um tirano habita o coração desse homem, o grupo, por fim, conhecerá a tirania. Se esse homem tiver um coração quebrantado, um espírito compassivo, uma vontade alquebrada... bem, o povo provavelmente ficará mais seguro.

(Outro fator importante será *o que vai nos recônditos do coração dos que o seguem!*)

Pedro, o que dita a direção de um movimento e a forma como o povo de Deus vive — em segurança ou correndo perigo — são estes aspectos: o coração, os motivos, os objetivos e a constituição psicológica do líder. As doutrinas e os ensinamentos contam muito pouco. Em sua maioria, as doutrinas e as práticas enfatizadas, na melhor hipótese, refletem a constituição psicológica do homem.

(Gostaria que você soubesse que acredito que, se um homem foi verdadeiramente transformado pelo Senhor, as doutrinas e os ensinamentos desse homem em geral não refletem a natureza dele mesmo, mas refletirão, de forma verdadeira e genuína, como é o Deus vivo de fato.)

O quebrantamento, ou a falta dele, e a impressionante profundeza espiritual, ou a falta dela, são os condutores invisíveis de qualquer movimento.

É uma pena, mas ninguém ainda inventou um marca-passo para pôr no coração do homem e ler o quanto ele realmente é bom em seu interior. Passar bastante tempo sozinho pode ajudá-lo nessa descoberta.

E, em geral, leva de dez a doze anos para acontecer.

* * *

Assim, qual é sua escolha, Pedro? Sua escolha é se deve ou não apostar. Você quer apostar?

Peguemos um homem de 22 anos de idade. Ele é um jovem que quer se tornar parte de algo que tenha Deus como o verdadeiro autor. Em algum momento, ele terá de apostar num homem ou num movimento. Não importa o que seja esse movimento, não importa o que diga esse homem, mas o que o jovem cristão aposta são dez ou doze anos de sua vida. Depois de dez ou doze anos, ele tem 32 ou 34 anos e já sabe muito bem a que tipo de movimento se juntou. Bem, talvez ele tenha de encarar o fato de tomar essa decisão mais uma vez.

Pedro, em seu caso, você tem de decidir se sua aposta valeu a pena ou não. Você se tornou parte do trabalho maravilhoso de Deus de verdade? Se a resposta for afirmativa, então suponho que você queira continuar com essas pessoas. Mas, se sua aposta mostrou-se insatisfatória, então você provavelmente deixará o grupo.

Entretanto, Pedro, eis aqui o verdadeiro obstáculo. Se você sente que "desperdiçou" doze anos de seu tempo, o fato de ter apostado e (aparentemente) ter perdido é algo que destruirá sua vida?

Pedro, foi você quem apostou. *Você* fez a escolha. Assim, você deve assumir a responsabilidade. Se foi uma decisão ruim, então realmente não deve culpar ninguém, a não ser você mesmo.

Acredito que o cristão que se uniu ao pior grupo possível, se sair dele, deve pegar o que aprendeu e tratar essas lições como ouro. Ele deve acreditar que tudo que aprendeu veio diretamente de Deus, que o Senhor tinha um bonito propósito ao torná-lo parte de algo feio. Ele deve sair acreditando que aprendeu lições valiosas, e que o Senhor usará essas lições para transformar sua vida. Pedro, se você não puder olhar para sua experiência do passado com essa perspectiva, então de fato terá problemas. Mais do que qualquer outro do grupo poderia ter causado a você.

Se você está desapontado com o movimento de que faz parte, se isso está literalmente destruindo sua vida, então deve estar acontecendo alguma coisa mais profunda do que apenas um jovem de 20 anos entregando a vida para um movimento.

(Uma coisa são desilusões temporárias causadas por um grupo. Destruição permanente evidencia algo bem diferente. Francamente, meu caro irmão, acho que se foi isso que lhe aconteceu então é provável que você nunca tivesse alcançado algo num movimento mais seguro.)

O homem que fica amargurado tem algo errado em seu coração...

Pedro, não há absolutamente nada que aconteça a você nesta vida que o faça tornar-se amargo. Absolutamente nada. Portanto, eu diria a você, ou a qualquer cristão que se juntou a um movimento e sente que este não é do Senhor, que é preciso examinar com muito cuidado seu coração.

Quais foram *seus* motivos secretos e interiores para se juntar a esse movimento? Quais eram suas pretensões? O que estava realmente em seu coração a ponto de você não permitir que sua mente visse tudo o que vê agora? O que *realmente* o desapontou? Foi o fato de o movimento não ser de Deus, e percebe que você nunca mais será rei como esperava em segredo um dia ser? Você tornou-se amargo por isso?

Pedro, lembre-se, não só os líderes são suscetíveis a ter um coração podre e motivos inconfessos. Essa é uma via de mão dupla.

Torço por você, Pedro. Não se sente com pessoas amargas que passarão o resto da vida dissecando "o que deu errado". Não fique sentado imaginando maneiras teóricas de criar um movimento que não cometa os erros dos movimentos passados. Repito, Pedro, não é a doutrina nem o método do movimento que ditam o futuro de qualquer trabalho, mas a quantidade de trabalho que Deus pôs no coração dos que lideram.

A propósito, Pedro, se mais tarde em sua vida você até tentar liderar um grupo de pessoas, posso quase garantir que, depois de seis meses, você passará por uma das maiores recomposições teológicas que um homem pode possivelmente conhecer... isso para não mencionar o curso intensivo sobre humildade que receberá. Com certeza, você será altamente tentado a fazer algumas das mesmas coisas que hoje você despreza.

Os fracassos que vemos em nossa terra acontecem por causa do coração dos homens e por causa da falta de preparo. A amargura não é proveniente das injustiças que aconteceram com os cristãos, mas da incapacidade do coração em aceitar as privações e em entregar aqueles anos trágicos ao Senhor. A não ser que seu coração desanuvie, você, caso venha a ter condições parecidas com as que seus antigos líderes tinham sobre você, cometerá os mesmos pecados.

Agradeça a Deus o que você passou. Saia regozijando-se... acreditando que essas coisas foram postas em sua vida pelas mãos soberanas de Deus. Para o *seu* benefício.

SETE

Caro Pedro:

Talvez estejamos chegando ao verdadeiro cerne do assunto.

Cada um de nós deve seguir o sentimento interior que flui do Senhor que habita em nós.

Você vem de um movimento que ensina as pessoas a "consultar seu protetor". Bem, como alguém pode conseguir extrair isso das Escrituras? Todavia, devo lembrá-lo que você concordou com esse arranjo quando se tornou parte do trabalho, assim como também o fizeram outras centenas de pessoas.

Não preciso dizer que é sempre mais fácil alguém anunciar a vontade de Deus para sua vida do que você procurá-la por si mesmo.

Compartilho com você minha experiência pessoal dos últimos trinta anos. Nem sempre foi fácil saber a vontade de Deus para minha vida. Muitas vezes tive de esperar. Esperei por um *longo* tempo — mais longo que desejava — para conhecer a vontade dele. Tentei escutar a voz dele para apenas ouvir o retumbante ruído do silêncio total. Mas, acima de tudo, tive de dissecar, camada a camada, os motivos secretos de meu coração. Tive de lidar com todo o processo de pensamento lógico que entrou nessa coisa defeituosa e caída, o meu intelecto. Tive de costurar meu caminho em meio aos espectros de centenas de aspirações pessoais. Tive de andar às apalpadelas — e não saberia dizer como fiz isso —, procurando alguma maneira de entrar em meu espírito e esperar lá para, por fim, entender e finalmente obedecer.

O Senhor plantou algo em seu íntimo, Pedro. Seu espírito é o maior conselheiro do universo. Jamais permita que esse conselheiro abdique em favor de qualquer outro conselheiro. Não, não para satisfazer a vontade de outro homem. Pedro, *nem* para satisfazer a *sua* vontade também. A vontade de Deus está em algum lugar no íntimo de seu espírito.

Pedro, procure ir além dos clamores ensurdecedores do passado em sua terrível consciência lógica. Deixe seus sentimentos passados para trás. Deixe seus desejos e seus raciocínios passados para trás e encontre Deus de novo. Corteje o universo que ainda está em seu interior. Ouça. Por fim, você ouvirá. Depois, obedeça. A ele.

OITO

Caro Pedro:

Você terá de desprender-se da devastação em sua vida. E é possível fazer isso sozinho. É necessário apagar o passado. É preciso lidar com o que passou; do contrário, você não terá utilidade para o Senhor, para o seu Reino. E se a sua situação for ruim de fato, praticamente não terá utilidade para a sociedade.

Talvez não goste desta carta.

Deixe-me contar-lhe algo que não é nem um pouco prazeroso compartilhar. Um amigo, há cerca de dezessete anos, fez parte de um novo movimento cristão. Ele ficou por doze ou treze anos até que, por fim, teve de romper com o movimento. Durante aquele período, o grupo passou por várias mudanças, desde ir de algo que procurava ser puro a transformar-se numa quase duplicata do sistema religioso... exatamente o que se supunha que o movimento combatia. Quando esse irmão deixou o grupo, a igreja em que ele estava também o expulsou de lá.

Estou contando essa história por causa de uma conversa que tive com ele. Na época em que esse amigo deixou o movimento, muitos outros cristãos fizeram a mesma coisa. Quase todos esses cristãos ficaram praticamente destruídos. Alguns deles, arrasados, mudaram para a cidade em que meu amigo vive. E tornaram-se membro da igreja que ele lidera. Eles ansiavam por uma casa, ansiavam por um porto, ansiavam por paz; ansiavam por um lugar em que pudessem se curar. Perguntei a esse querido irmão: "Como estão essas pessoas hoje?".

Ele foi sincero em sua resposta. Disse-me: "Praticamente todas as pessoas que vieram a nós depois que saíram daquele movimento infligem grande dano à nossa igreja". Perguntei-lhe o que queria dizer com isso, embora eu achasse que soubesse o que ele diria a seguir.

Uma característica dessas pessoas era falar sobre o passado o tempo todo. Elas falavam disso na frente de qualquer pessoa. Acho que não percebiam que, e falo isso por mim mesmo, não queremos ouvir essas histórias medonhas! Não estávamos lá. Não gostamos de ouvir críticas de outros cristãos, por mais que a pessoa que conte a história pense que o outro companheiro estava errado. O restante de nós simplesmente não está interessado em sujeitar o eu interior a tanta negatividade.

Uma segunda característica desse pessoal era que eles sempre avisavam os jovens da igreja para que fossem cuidadosos, muito cuidadosos. A respeito de quê? Quase tudo. A lista é interminável. As pessoas que deixam movimentos parecem cheias de temor e precisam advertir todos os outros cristãos do mundo para que tenham cuidado com tudo. Não podemos viver de forma *tão* cautelosa. Não queremos viver com medo. Ainda temos coração para ousar e para confiar.

Outra coisa que ele me contou: esse tipo de cristão não confia em ninguém. Em especial, eles não confiam em obreiros cristãos. Eles não acreditam que haja um homem honesto em algum lugar do mundo. Realmente, isso é trágico. Quando a pessoa chega a esse ponto, sua vida cristã foi destruída.

Meu amigo disse-me que também era sempre aconselhado a ter cuidado com isso e com aquilo. Os que deixaram o movimento conheciam todo tipo de teorias e filosofias sobre o que nunca deveria ser feito e o que sempre deveria ser feito.

Outro atributo desse pessoal que deixou o movimento é o medo que eles têm dos presbíteros, dos líderes, de qualquer tipo de liderança. Em geral, o conceito que têm de igreja resumiu-se a algo tão etéreo que, caso se quisesse pô-lo em prática, é provável que a igreja nunca pudesse se reunir nem mesmo para um primeiro encontro!

Ainda outro atributo é que têm a tendência de se unirem entre si, constantemente enchendo a caçamba de lixo uns dos outros com mais lixo — ou, devo dizer, com lixo antigo.

Talvez a maior tragédia seja que todos esses cristãos que foram feridos pela autoridade e pela divisão causem agora, eles mesmos, uma cisão na igreja de meu amigo! Que triste.

Cinismo, temor, quase paranóia. E agora até dissensão. Pedro, esse é o tipo de cristão que você quer ser?

Sei qual pode ser sua resposta. "Mas fui ferido tão fundo por outros cristãos." Pedro, isso simplesmente não é verdade. Ninguém no mundo feriu você... (A menos que o tenham deitado numa roda de tortura e queimado seu corpo com um atiçador de brasas incandescente!) Não, você não foi ferido por ninguém. Apenas uma pessoa pode feri-lo, e essa pessoa é você. Toda a dor que sentiu você infligiu a si mesmo. Um dos fundamentos da sobrevivência humana é compreender esta simples faceta: "Não é o que homem faz a você que determina como sobreviverá e viverá neste planeta, mas sua reação ao que ele faz".

Pedro, você tem apenas uma pessoa neste mundo para culpar por qualquer atitude de amargura, de cinismo, de mágoa ou de dor. E essa pessoa é você. Decidir se deseja continuar ou não com os padrões que começam a se desenhar em sua vida ou se deseja quebrá-los e rumar para os ensolarados campos das regiões mais altas é algo que está em sua jurisdição; cabe apenas a você tomar essa decisão.

Tenho mais uma carta para escrever para você, Pedro. Nela compartilharei meus sentimentos mais profundos sobre a devastação.

NOVE

Caro Pedro:

Esta carta trata de um assunto muito prático: como você pode deixar para trás a devastação? É possível superar a devastação? O cristão consegue superar a amargura? Antes de qualquer coisa, devo dizer que essas são questões inquietantes. Muitos irmãos e irmãs não conseguem se livrar da amargura depois de experimentar um pedacinho dessa fruta.

Gostaria de dar-lhe algumas diretrizes sobre o que fazer com sua vida em relação ao movimento que, conforme você acredita, o destruiu.

Primeiro, você precisa examinar seu coração e perceber que grande parte do problema está em sua constituição psicológica. Há muitas pessoas que foram bem mais maltratadas que você e não ficaram tão profundamente feridas quanto você. Algumas, na verdade, não foram nem feridas.

Existe uma grande possibilidade de que os cristãos que se ferem em movimentos autoritários tenham uma inclinação para o cinismo, para a amargura e para a crítica. Ou, talvez, eles tenham entrado nessa situação com orgulho excessivo.

Pedro, lembre-se de que se deixou seduzir por este apelo: "Você é especial". Ficou empolgado quando escutou essas palavras, e elas supriram algo em sua natureza. Você acreditou e disse para as pessoas que esse era um movimento singular neste mundo. O que, com freqüência, não passa de um reflexo dos problemas psicológicos da pessoa, e é preciso encarar tal possibilidade de frente. Pedro, acho que grande parte de seu problema e de todos os irmãos e irmãs que foram feridos por esses grupos é que se sentem como se lhes tivessem pregado uma peça, como se tivessem caído no conto-do-vigário. Não discutirei esse ponto. Mas não se esqueça de que aquele conto-do-vigário lhe agradou.

Talvez o que mais me incomode sejam as pessoas — quando percebo que elas foram feridas profundamente — que parecem relutantes o suficiente em se voltar para o Senhor em busca de um caminho para sair dessa situação. É quase como se elas não estivessem apenas com raiva do movimento, mas também de Deus. Isso se aplica a você?

Você voltou-se para o Senhor a fim de se libertar por inteiro das emoções tenebrosas que sente?

Para alguns é quase como se sentissem que foi Deus quem lhes passou o conto-do-vigário. Acho que muitos cristãos prejudicados pelo autoritarismo são praticamente incapazes de ver a mão de Deus em sua experiência passada. Até que esse momento chegue, não há qualquer esperança para esses cristãos arrasados. O fato de o cristão não conseguir ver seu horrível pesadelo como algo que, do ponto de vista de Deus, tem um propósito, nem permitir que isso aconteça, é por si só uma indicação de que há algo errado, muito errado, nas motivações interiores dele.

Eu, pessoal e particularmente, sou contrário a todo esse conceito atual de autoritarismo. Mas também passei boa parte dos últimos trinta anos de meu ministério aconselhando cristãos. Durante esse período de aconselhamento, não é possível ajudar as pessoas, mas adquire-se certa percepção da natureza humana.

Grande parte da devastação que vi em cristãos que saíram desses movimentos simplesmente não precisava ter acontecido. Deus não formou a natureza humana para que ela se fragmentasse para sempre apenas porque ficou em mãos de homens inescrupulosos por cinco ou dez anos. Não há motivo para que um cristão continue amargurado ao longo de toda sua vida. O problema não pode ser posto aos pés dos que são autoritários. É preciso tratar um problema que persiste por tanto tempo. Pedro, você precisa do Senhor, e precisa dele desesperadamente.

Com essa introdução, gostaria de dar-lhe algumas diretrizes e espero que você medite a respeito delas.

Primeiro, se você fala quase sempre sobre essa experiência com outros cristãos, então devo dizer-lhe que é hora de parar. Já vi cristãos que não conseguem parar de falar sobre o assunto. Você os encontra, eles são perfeitos estranhos para você e, depois de três minutos, contam-lhe toda a sua história apavorante. Depois de uma hora, contam a mesma história para outra pessoa. Meu conselho: mantenha sua boca fechada. Além disso, tome algumas resoluções. Decida que, independentemente de quanto tempo você viver, nunca mais fará referência a esse incidente. Mesmo que isso implique em nunca mais se referir a um período de doze ou quinze anos de sua vida. Acrescentaria também isto: nunca use sua experiência para exemplificar algo em seu ministério público. Em outras palavras, pare de falar sobre o assunto, de uma vez por todas.

Mas, se você for um daqueles cristãos que guardam tudo para si mesmo, que nunca falam nada e nunca falaram sobre o assunto, então é hora de sentar, conversar demoradamente com alguém e pôr isso para fora. (Pelo amor de Deus, não me escolha; eu já escutei muito!)

Tenho certeza de que a sugestão a seguir não lhe vai cair bem. Sei que aqueles de nós que vivem fora do cristianismo formal e estruturado, em geral, têm convicções muito fortes contra conselheiros e psicólogos. Apesar disso, Pedro, quando a mente do homem é golpeada tanto assim, recomendo com seriedade que encontre um conselheiro cristão profissional e tenha quatro ou cinco sessões com ele. Assim, você pode falar sobre o assunto de uma vez por todas. Mas, mais que isso, se ele for um conselheiro cristão criterioso, pode ajudá-lo a resolver alguns problemas pessoais dos quais talvez você ainda não esteja consciente.

Repetirei isso. Pedro, pode haver razões desconhecidas para você ter ficado tão arrasado com sua experiência. Mais uma vez, fico espantado com a quantidade de cristãos que consideram impossível ver tal experiência como proveniente das mãos de Deus... como algo que ele promoveu porque os ama, pois havia propósitos divinos nela.

A próxima afirmação também soará muito incomum para alguém como eu. Acho que você devia pensar em voltar ao cristianismo organizado. Não há razão para você se sentar no deserto até que seus ossos branqueiem na areia, se não consegue lidar com a experiência pela qual passou. Você pode, pelo menos, ir às reuniões da igreja de domingo de manhã e ouvir as mensagens de conforto, de fé e de força. Se não conseguir se curar totalmente, não acho que seja saudável ficar aí sem fazer nada, exceto sentar-se e lamber suas feridas.

É possível dizer coisas boas sobre o cristianismo estruturado. Em alguns lugares dele encontra-se conforto e consolo. Caso não consiga ficar livre por completo dessa devastação, recomendo-lhe que pense em retornar a alguma espécie de movimento denominacional para ter alguma ajuda e conforto, mesmo que apenas brandos.

Gostaria de repetir: pare de andar com pessoas que saíram do movimento em que você estava envolvido. Conversar com cristãos que saíram desses movimentos, em minha opinião, é como parar o relógio — não há nada de novo na vida deles, não há nada saudável; e todos os amigos deles são ex-membros do movimento. Isso deve acabar, pois não é nada saudável.

Pedro, em seguida, você terá de começar a acreditar que lá fora existem obreiros honestos e decentes. Terá de acreditar que *há* movimentos que nasceram de Deus. Terá de acreditar que há movimentos nesta terra — agora ou por nascer — melhores que aquele em que você está. Terá de confiar nos cristãos e nos obreiros, de novo.

De alguma maneira, Pedro, essa coisa tem de ser quebrada em você. Se for preciso, jejue. Se for preciso, separe uma hora por dia para orar e apresentar a questão diante do trono de Deus. Diga a ele que você quer se libertar e quer que sua mente pare de se alimentar de lembranças passadas. Ajoelhe-se, abaixe a cabeça e diga ao Senhor que você se dispõe a ficar livre, que você quer ser restaurado. Não o largue até que ele o restaure de novo — em seu coração e em seu processo mental.

Comece a procurar um encontro com Deus. Você precisa de um milagre. Peça por ele. Um momento de libertação das lembranças do passado.

Acima de tudo, Pedro, acredite que foi nosso Deus amoroso quem preparou esses anos de experiência para sua vida... creia que ele tinha um propósito para você estar lá. Um propósito *positivo* que glorificará o Senhor e abençoará sua Igreja. Diga-lhe que você quer *essa* visão. Apodere-se dessa visão, pois é a única e verdadeira forma de encarar sua experiência. Foram anos desperdiçados? De maneira alguma. Eles vieram de Deus. Apegue-se a isso e um dia você o abençoará por aqueles anos.

Naquelas mãos,

Gene

CONHEÇA OUTRA OBRA DO AUTOR

PERFIL DE TRÊS REIS

Muitos cristãos experimentaram dor, perda e angústia nas mãos de outros crentes. Outros carregam histórias terríveis e quase inacreditáveis de danos profundos em sua vida.

A história emocionante deste livro proporcionará conforto, cura e esperança aos que foram feridos diante de um tratamento injusto que sofreram em sua igrejas.

Perfil de três reis é um conto baseado nas figuras bíblicas de Davi, Saul e Absalão. Um livro transformador que vai inspirar os leitores a buscar a verdadeira paz em Jesus.

Título original
Letters to a Devastated Christian: Healing for the Brokenhearted
Edição publicada por SEEDSOWERS
(Jacksonville, Flórida, EUA)

■

Todas as citações bíblicas foram extraídas da Nova Versão Internacional (NVI), ©2001, publicada por Editora Vida, salvo indicação em contrário.

■

Coordenação editorial: Solange Monaco
Edição: Lilian Jenkino
Revisão: Polyana Lima
Diagramação: Sonia Peticov
Capa: Felipe Mazzoni

EDITORA VIDA
Rua Júlio de Castilhos, 280,
CEP 03059-000 São Paulo, SP
Tel.: 0 xx 11 6618 7000
Fax: 0 xx 11 6618 7050
www.editoravida.com.br
www.vidaacademica.net

Dados Internacionais de Catalogação na Publicação (CIP)
(Câmara Brasileira do Livro, SP, Brasil)

Edwards, Gene, 1932 –
Cartas a um cristão arrasado: consolo e ânimo para quem foi magoado pela igreja / Gene Edwards; traduzido por Lena Aranha — São Paulo : Editora Vida, 2006.

Título original: *Letters to a Devastated Christian*
ISBN 85–7367–825–9

1. Autoritarismo – Aspectos religiosos – Igreja católica 2. Consolação 3. Igreja – História I. Título.

06-2485 CDD 242.69

Índice para catálogo sistemático:

1. Consolação: Pessoas magoadas pela Igreja: Vida cristã: Cristianismo 242.69

Esta obra foi composta em *Goudy Old Style* e impressa
por Imprensa da Fé sobre papel *Chamois Fine* 67 g/m^2
para Editora Vida em maio de 2006.